AF314910

5ᵉ Année. — Tome II.   [EXTRAIT]   Novembre-Décembre 1916

Revue

des

Études Napoléoniennes

DIRECTEUR : ÉDOUARD DRIAULT

Sine irā et studio.
(TACITE. *Annales*, I, 1.)

M. BESNIER

LES GUERRES DE NAPOLÉON ET LA GUERRE ACTUELLE

LIBRAIRIE FÉLIX ALCAN
108, BOULEVARD SAINT-GERMAIN, PARIS

LES GUERRES DE NAPOLÉON
ET LA GUERRE ACTUELLE

« L'art de la guerre, a dit Napoléon, a des principes invariables », et ces principes nul ne les a jamais appliqués et énoncés aussi bien que Napoléon lui-même. Cependant, depuis un siècle, les conditions de la lutte pour la vie entre les peuples se sont transformées profondément; de nombreux conflits à main armée ont eu lieu; le plus sanglant de tous dure encore... La succession des événements qui se déroulent sous nos yeux nous conduit tout naturellement à nous demander si la guerre actuelle confirme ou infirme les enseignements des guerres napoléoniennes et la théorie napoléonienne de la guerre.

Nous chercherons dans le livre du commandant J. Colin — aujourd'hui lieutenant-colonel — sur *Les Transformations de la guerre* les éléments d'une réponse aux questions qui nous préoccupent. Ce livre a paru dans une collection de vulgarisation savante[1]. Il donne un résumé sûr et commode de toute l'évolution de l'art et de la science militaires, — décomposés dans leurs trois parties essentielles : procédés du combat, conduite de la bataille, direction des opérations, — depuis l'antiquité jusqu'à nos jours. Il est l'œuvre d'un homme du métier, appartenant à l'arme de l'artillerie, sorti de l'Ecole supérieure de guerre et très avantageusement connu par ses publications antérieures sur l'histoire du XVIIIe siècle et le premier Empire. Il porte la date de 1911 : l'auteur a pu profiter de l'expérience des dernières grandes guerres, jusqu'à celle de Mandchourie incluse. Au terme de son travail, suivant

---

1. *Bibliothèque de philosophie scientifique*; Paris, Flammarion. — Voir aussi, du même auteur, dans la même collection : *Les grandes batailles de l'histoire, de l'antiquité à 1913*, en particulier les chapitres sur Iéna et sur Waterloo et la conclusion : *La bataille de l'avenir*, écrite à la veille de la présente guerre.

ses propres paroles, « il aperçoit avec certitude le sens des transformations les plus récentes et, par suite, des plus prochaines;
c'est une courbe qu'il a tracée depuis l'origine et dont il a déterminé la tangente au point 1911[1]. » A ce langage on reconnaît,
derrière le soldat et l'érudit, l'homme de science pure, le mathé-
maticien.

La grande figure de Napoléon domine tout son exposé. L'histoire
de l'art et de la science militaires ne comprend, en somme, que
deux périodes. Avant Napoléon, ce sont les tâtonnements du passé :
« il aura fallu plus de mille ans pour que l'invention de la poudre
ait transformé la guerre[2] ». Avec lui commence une ère nouvelle,
dont la journée du 12 avril 1796 — combat de Montenotte —
marque le début. Cette ère dure encore : « On répète trop volon-
tiers que les campagnes de Napoléon sont de l'histoire ancienne[3]. »
Même de nos jours, « c'est dans la guerre napoléonienne que se
trouvent le plus de modèles dont on doit s'inspirer, le plus de sujets
à méditer, d'idées à appliquer[4] ». Les chapitres que le colonel
Colin a consacrés à l'analyse de ce système génial, considéré
tout à la fois dans ses réalisations sur le terrain et dans les for-
mules lapidaires de la *Correspondance*, sont les meilleurs du livre.
Nous nous en aiderons pour confronter les principaux points de
la doctrine avec les faits des années 1914-1916, dans la mesure
toutefois où nous le permettra une connaissance forcément incom-
plète et imparfaite d'un grand drame inachevé. La pleine lumière
ne se fera que plus tard, quand on aura tout dit et beaucoup
publié. Faute d'informations suffisantes, nous nous attacherons
plus particulièrement au front d'Occident et nous nous en tien-
drons, même pour ce front, à ce qui est dès à présent bien établi
et communément admis. Du peu que l'on sait se dégagent, malgré
tout, quelques conclusions fermes.

1. *Les Transformations de la guerre*, p. 3.
2. *Ibid.*, p. 14.
3. *Ibid.*, p. 278.
4. *Ibid.*, p. 193.

Charles Besnier.

I

En ce qui concerne les procédés du combat, ce qui fait l'originalité de Napoléon, c'est qu'il s'inspire en même temps de Frédéric II et des généraux et théoriciens français du xviiiᵉ siècle, tels que de Broglie et de Guibert; il associe heureusement les innovations de l'un à celles des autres.

Frédéric II dans son *Testament politique* déclarait que « les batailles se gagnent aujourd'hui par la supériorité du feu »; il avait organisé — déjà — « une artillerie nombreuse, avec des obusiers et une forte proportion de gros calibres [1] ». Napoléon dit à son tour : « C'est par le feu et non par le choc que se décident aujourd'hui les batailles; la force de l'infanterie consiste dans son feu », et d'autre part : « dans la guerre de siège comme dans celle de campagne, c'est le canon qui joue le principal rôle; il a fait une révolution totale... c'est avec l'artillerie qu'on fait la guerre ». Même dans les batailles par attaque centrale, il doit à l'intensité de son feu la rupture du front ennemi. Il veut dans son armée une artillerie puissante : quatre canons par mille hommes. A partir surtout de 1807, à Friedland, puis à Wagram, à Borodino, dans les batailles de 1813, il emploie presque exclusivement le boulet et la mitraille pour percer les lignes opposées. Il fait entrer en scène toutes ses pièces et forme au point le plus important une énorme batterie. Drouot et Sénarmont, et non plus Ney et Murat, passent au premier plan[2]. L'ordre de l'Empereur était de « tirer sans cesse, sans calculer la dépense ».

Comme les généraux de la Révolution, Napoléon mettant en pratique les règles posées par de Guibert après la guerre de Sept ans, se sert à la fois de l'ordre profond, c'est-à-dire de la colonne massive, pour le mouvement, et de l'ordre mince, c'est-à-dire de la ligne déployée, pour le combat. Ses troupes marchent en colonnes serrées; elles se déploient en ligne sous le feu. Les exceptions sont très rares. Le carré sous la mitraille est un expé-

1. *Les Transformations de la guerre*, p. 23.
2. *Ibid.*, p. 24 et 113.

dient provisoire : « la colonne de Macdonald à Wagram n'est qu'une formation improvisée en quelques minutes, tant bien que mal, pour recevoir à bout portant une charge de cavalerie[1] » ; à Waterloo l'infanterie française attaque en masse : « il est plus que douteux que l'Empereur y soit pour quelque chose et l'on en sait les effets[2] ». Quand il raisonne sur la tactique, il fait observer que, si les armes anciennes exigeaient l'ordre profond, l'ordre mince permet seul de tirer parti des armes modernes de jet, et il ajoute : « il est contraire à l'art de la guerre d'engager plus de troupes que le terrain ne permet d'en déployer ».

En 1914-1916, comme de 1796 à 1815, l'expérience n'a fait qu'apporter de nouveaux arguments à l'appui de ces deux thèses : importance décisive de la supériorité du feu, emploi nécessaire de l'ordre mince au combat.

Le corps à corps, la lutte à l'arme blanche, ne produisent de résultats et ne sont même possibles que si le feu leur a préparé les voies. Sur tous les fronts et dans toutes les phases de la guerre, les Allemands ont dû leurs victoires, avant tout, au nombre si élevé de leurs mitrailleuses et de leurs canons; ils ont porté à un point jusqu'alors inouï et même inimaginable la fabrication des gros calibres, l'utilisation en campagne des pièces de siège ou de marine et la consommation des munitions de toutes sortes; eux aussi ils tirent sans compter. Le manque d'artillerie et de projectiles est l'une des causes de l'arrêt des Français en septembre 1914, après leur victoire de la Marne. C'est pour la même raison que les Russes, pendant l'été de 1915, ont dû abandonner la Galicie, évacuer la Pologne et une grande partie de leurs provinces occidentales. Chacun dit et répète que les Alliés ne l'emporteront que le jour où ils auront à leur tour plus de fusils que leurs adversaires, plus de mitrailleuses, plus de canons et plus forts, et où ils se seront constitué en munitions des réserves à peu près inépuisables.

L'ordre mince, à partir du moment où l'on entre dans la zone battue par l'ennemi, n'a pas cessé d'être regardé comme le meil-

1. *Les Transformations de la guerre*, p. 22.
2. *Ibid.*, p. 113.

leur. Ne permet-il pas d'augmenter le nombre utile des tireurs et de diminuer les risques de perte? Quelquefois, dans la défensive, à Verdun notamment, nos fantassins se sont formés en carré comme jadis les grenadiers de l'Empire : retour imprévu à un mode de combat que l'on croyait périmé. Tant il est vrai qu'il n'est aucun des procédés napoléoniens qui ne puisse avoir encore aujourd'hui, dans certaines circonstances, sa raison d'être et son utilité! Mais le plus souvent les attaques d'infanterie qui ont réussi ont été faites par *essaims* et par *vagues* : une première ligne rapidement déployée et bondissant le plus vite possible sous la protection d'un feu puissant d'artillerie qui s'allonge; en arrière nombreuses lignes échelonnées de renfort et de soutien arrivant l'une après l'autre se fondre dans la première ou la remplacer sur le terrain conquis, qu'elles « nettoient », tandis que la progression se poursuit sans trêve et dépasse d'un élan irrésistible les rides successives des tranchées adverses. Rappelons-nous les offensives françaises de mai 1915 en Artois, de septembre 1915 en Artois encore et en Champagne! Les Allemands passent pour avoir préféré, au début surtout, les attaques en colonne massive, par quatre ou huit de front, coude à coude, et ils les ont renouvelées obstinément devant Verdun au printemps de 1916. Mais il faut remarquer : que très fréquemment aussi ils n'ont eu recours qu'à l'ordre mince et aux *vagues*; que même lorsqu'ils chargent en masse, ce sont des lignes de tirailleurs, progressivement renforcées, qui entament l'action et la conduisent jusqu'au moment de l'assaut; qu'ils n'engagent leurs lourdes colonnes qu'après avoir déblayé le terrain par un feu intense d'artillerie et réduit — ou cru réduire — au silence les canons et les mitrailleuses adverses; qu'ils ont eu, en agissant ainsi, des surprises cruelles, des pertes énormes, des échecs retentissants; et qu'enfin ils sont peut-être contraints de s'en tenir à ces formations dangereuses ou d'y revenir, à leurs risques et périls, pour des motifs graves, qui ne sont pas d'ordre militaire et qu'on peut déduire sans peine du caractère de la race, moutonnière et disciplinée.

II

La bataille est la mise en œuvre généralisée des procédés du combat, en vue de leur faire produire le maximum d'effets. Pour Napoléon, la bataille est essentiellement, ou plutôt elle doit être, si rien ne s'y oppose, une action offensive portée par surprise sur le flanc de l'ennemi et provoquant sa déroute.

Ce qui a rendu possible cette conception très nette et très neuve, c'est la disposition divisionnaire des armées, substituée pour la première fois à l'ancienne disposition linéaire par le maréchal de Broglie en 1759. Depuis cette époque il est prouvé que les troupes ne sont plus obligées de combattre « en une seule masse ou une seule ligne indivise, continue, régulière[1] », qui ne permettait pas d'évolutions rapides. On a tout intérêt à les former en plusieurs corps distincts, plus ou moins éloignés les uns des autres, qui se rendent par les chemins les plus courts sur le champ de bataille et agissent de concert. L'armée est désormais articulée ; elle constitue un organisme toujours agile et mouvant. Il n'en est pas encore tout à fait ainsi sous la Révolution, où, par réaction contre les inconvénients du système linéaire, des généraux malhabiles tombent souvent dans les défauts opposés, exagèrent le système divisionnaire, éparpillent leurs corps, morcellent l'action ; chaque division lutte pour son compte, sans vue d'ensemble. Napoéon paraît, et tout rentre dans l'ordre : il met à profit la souplesse que lui donne la disposition linéaire pour manœuvrer et pour surprendre, mais « toutes ses divisions sont dirigées par une volonté unique, et cette volonté les fait converger sur un point unique[2] » ; il les emploie à la même action, sur un front restreint, à la différence de ses devanciers immédiats et à l'imitation de ses vrais maîtres, Hannibal, César et Frédéric II.

La convergence des mouvements imprimés à chaque division tend à procurer la victoire en rompant, sur un point bien choisi, l'équilibre des forces en présence et à porter, par une manœuvre

---

1. *Les Transformations de la guerre*, p. 95.
2. *Ibid.*, p. 101.

audacieuse, un désordre irréparable dans les rangs ennemis. Le point critique, Napoléon le cherchera, s'il le peut, sur le flanc et non sur le front de son adversaire ; sa manœuvre sera donc, toutes les fois qu'il en aura licence, non pas une attaque de face, mais un mouvement tournant, effectué à distance par un corps détaché, ou tout au moins un mouvement débordant, exécuté par l'une des extrémités de la ligne de combat, qui se rabattra latéralement sans se séparer du centre. « C'est, dit-il, en tournant l'ennemi, en se portant sur son flanc, qu'on gagne les batailles. »

L'action, telle que l'entend Napoléon, comportera trois phases ; le chef d'armée doit :

« 1° par le combat de front, obliger les ennemis à engager toutes leurs troupes ;

« 2° lancer alors une attaque sur leur flanc ;

« Et, quand ils ont désorganisé leur ordre de bataille pour y faire face,

« 3° attaquer à fond avec toutes les forces disponibles et surtout avec une masse d'artillerie [1] ».

La poursuite, menée furieusement par toute la cavalerie, complétera la victoire et en augmentera les résultats.

A vrai dire, ce schéma « est un idéal que Napoléon se propose presque toujours et n'atteint presque jamais ». Le mouvement tournant à grande envergure présente beaucoup de difficultés et même de dangers, si l'ennemi a des forces suffisantes et le temps de prendre ses dispositions pour résister et contre-attaquer. Le mouvement débordant, qui n'est qu'un pis aller, expose à moins de périls, mais il peut se heurter lui aussi à d'insurmontables obstacles. A côté des quelques cas où Napoléon a réalisé jusqu'au bout le mouvement tournant, comme à Montenotte et à Castiglione, et des cas, plus nombreux, où il a dû se contenter d'un mouvement débordant, comme à Austerlitz, Iéna, Eylau, Wagram, Dresde, la Moskowa, Wachau (première journée de Leipzig), nous devons prendre garde que très souvent le mouvement a été projeté ou même essayé, sans aboutir, soit que

1. *Les Transformations de la guerre*, p. 107.

l'ennemi réussisse à s'y soustraire, comme à Saint-Poelten, lors de la marche sur Vienne en 1805, soit qu'il n'ait pas craint de se porter lui-même à la rencontre du corps détaché, comme à Auerstaedt[1]. Au total, le colonel Colin estime qu'il n'a été permis à Napoléon qu'une fois sur trois, à peu près, d'achever sa manœuvre[2].

Reste à savoir comment il s'est comporté quand il n'a pas été maître de livrer la bataille comme il l'aurait souhaité. Ce qu'il y a d'admirable, c'est que, « tout en voyant dans les mouvements tournants le moyen le plus naturel d'obtenir la victoire, il savait la remporter autrement quand les circonstances l'empêchaient de réussir par ses procédés habituels[3] ». Les dispositions initiales qu'il prend à chaque fois avec autant d'habileté que de prudence lui permettent, selon l'occurrence, ou de recourir à sa manœuvre de prédilection ou d'en improviser une autre, et même, s'il le faut, de changer de front. Il a toujours soin d'engager au début aussi peu de troupes que possible et de tenir ses réserves à l'abri ; il concentre le gros de ses forces en arrière, du côté précisément où il veut porter l'offensive et chercher la décision. Cette masse disponible, qu'il garde intacte jusqu'au dernier moment, lui permettra de faire face à toutes les éventualités, soit qu'il la jette opportunément sur le flanc ennemi, soit qu'il lui assigne soudain une autre tâche. Quelquefois il est obligé d'en venir à une attaque centrale, avec toutes ses forces, sur le front qu'il n'a pas été à même de déborder ; il en est ainsi à Marengo et à Friedland, les seules batailles de rencontre qu'il ait livrées, car le plus souvent il attaque un ennemi immobile ou s'arrête lui-même pour engager le combat sur un terrain à sa convenance ; il en est ainsi, encore, à Rivoli et à Ligny. D'autres fois il doit faire tête simultanément contre deux adversaires et livrer des batailles doubles : Austerlitz, où il écrase le gros des Austro-Russes, tandis que Lannes et Murat refoulent Bagration ; Iéna-Auerstaedt ; puis, avec moins de succès,

---

1. Napoléon avait envoyé Davout dans la direction d'Auerstaedt pour *tourner* l'ennemi ; lui-même, sur le champ de bataille d'Iéna, le *déborde* par la gauche avec le corps de Soult.
2. *Les Transformations de la guerre*, p. 104.
3. *Ibid.*, p. 108.

Leipzig, nord et sud, en octobre 1813, Ligny et Quatre-Bras le 16 juin 1815. D'autres fois encore il soutient des batailles défensives : à Leipzig, à La Rothière, à Arcis; mais il importe de noter que même alors il avait commencé par attaquer : « Pour la bataille il ne connaît pas d'autre mode d'action que l'offensive, même pour l'armée la moins forte, si elle n'a pas à défendre une position fortifiée avec de mauvaises troupes incapables de tenir en rase campagne[1]. » Cet esprit d'offensive à outrance, joint à une merveilleuse habileté à varier sur-le-champ ses combinaisons au fur et à mesure des besoins, caractérise sa méthode. Il n'est pas l'homme d'une seule manœuvre, bien qu'il y en ait une qu'il préfère. Et toutes il les conduit avec la même vigueur et les pousse également à fond.

Il ne faudrait pas croire que la conception napoléonienne de la bataille est aujourd'hui caduque; tout au contraire. Ce qu'il y a de vrai, c'est qu'il est plus difficile encore qu'il y a cent ans de mener à bien les mouvements tournants ou débordants; ils produisent, en revanche, des effets d'autant plus considérables. Ils n'ont pas cessé d'être, pour les grands chefs, l'idéal de la manœuvre.

La disposition divisionnaire des troupes est encore la seule que l'on emploie; nul n'aurait l'idée de remettre en honneur l'ancienne disposition linéaire, à jamais condamnée. Plus les masses affrontées sont nombreuses, plus il leur est nécessaire d'être articulées, de se scinder en éléments distincts, quoique convergents, pour se mouvoir sans heurts et se porter à l'attaque sans défaillances. Seulement le général en chef a désormais à sa disposition non plus de simples divisions comme au début de l'Empire, ni même des corps d'armée, comme en 1812 et en 1870-1871, mais plusieurs armées, voire des groupes d'armées. En septembre 1914, aux journées dites de la Marne, cinq armées françaises et une anglaise s'espaçaient de Paris à Saint-Mihiel, sur deux cents kilomètres, en face de six armées allemandes. Dans les deux camps, du reste, l'unité d'administration, de marche et de combat était alors et est toujours la **division**.

---

1. *Les Transformations de la guerre*, p. 115.

Les journées de la Marne sont, jusqu'à nouvel ordre, l'événement essentiel de la guerre actuelle. Elles ont changé notre fortune. En brisant sans retour l'offensive formidable des Allemands, elles nous ont épargné le recommencement du siège de Paris et préparé, au lieu d'un nouveau Sedan, un second Iéna. Or il est incontestable que c'est à l'emploi judicieux des mouvements tournants et débordants que nous avons dû à cette date le succès de nos armes. Lisons, en effet, le *Rapport* français *sur l'ensemble des opérations du 2 août au 2 décembre 1914 :* le 5 septembre, par suite du repli vers l'Aube, « notre gauche.... n'a plus à craindre d'être coupée. Au contraire, l'armée allemande de droite, en marchant au sud vers Meaux et Coulommiers, offre son flanc droit à l'armée Maunoury. » Celle-ci se porte en avant, déborde la droite allemande vers Acy-en-Multien et s'engage à fond le 6 : « son objectif capital était Nanteuil-le-Haudouin, par où elle pouvait prendre à revers la ligne de bataille de l'armée von Klück aux prises avec les Anglais[1] ». Le *Rapport* continue en ces termes : « C'est sur notre centre... que les Allemands vont chercher la revanche de l'échec de leur droite; car, s'ils nous percent entre Sézanne et Mailly, la situation se renversera à leur profit. Du 6 au 9 septembre, l'armée Foch subit des assauts répétés; mais le 9 au soir, la gauche de cette armée, se portant d'ouest en est vers Fère-Champenoise, prend de flanc la garde prussienne et les corps saxons qui attaquaient au sud-est de cette localité... Le 11 au matin, le général Foch entre à Châlons-sur-Marne. » Sans doute les mouvements simultanés de nos autres armées, dont « tous les efforts se sont remarquablement enchaînés[2] », ont concouru au résultat final, mais c'est la menace sur le flanc de von Klück qui a engagé l'action en notre faveur et l'attaque sur le flanc de la garde prussienne qui a précipité le dénouement.

Comment se fait-il que cette victoire éclatante n'ait pas permis de reconduire l'ennemi jusqu'au Rhin aussi vite qu'il en était venu? Ici encore, les journées de la Marne illustrent d'un exemple nouveau les préceptes napoléoniens. Pour Napoléon, la poursuite

1. Général Malleterre, *De la Marne à l'Yser*, Paris, Chapelot, 1915, p. 73.
2. *Ibid.*, p. 74.

est le complément obligé du mouvement tournant ou débordant ; elle seule permet de recueillir tout le bénéfice du succès, comme à Rivoli, à Austerlitz, à Iéna, à Eckmühl. Par malheur, le 12 septembre 1914 notre artillerie était dépourvue de munitions et notre cavalerie épuisée. La poursuite s'est arrêtée trop tôt et l'ennemi a pu se cramponner aux « organisations défensives [1] » qu'il s'était ménagées prudemment à l'avance. Il a fallu remettre à des jours meilleurs la libération intégrale du territoire.

En attendant, de la mer du Nord aux Vosges, de Dunkerque à Belfort, sur la ligne continue et disputée des tranchées, les mouvements tournants ou débordants ne sont guère praticables. Les batailles acharnées qui se sont livrées depuis celle de la Marne et dont les Allemands ont pris l'initiative devant Ypres et devant Verdun, comme les Français en Artois et en Champagne, sont forcément des batailles par attaque centrale, qui s'éternisent ; seule la cessation forcée des assauts, à la suite d'un épuisement réciproque, en marque le terme. Faute de mieux, dans la bataille des Flandres, Yser et Ypres, l'état-major allemand s'est contenté « de la tactique d'écrasement d'une aile sous les coups constamment répétés d'une masse formant pilon [2] ». A Verdun, c'est alternativement sur notre aile droite et notre aile gauche que les coups de pilon étaient donnés. Mais dans le détail de toutes les actions, chaque fois que l'assaillant progresse et que le champ se dégage, aussitôt reparait la possibilité ou, pour mieux dire, la nécessité de la manœuvre, c'est-à-dire de l'attaque sur le flanc, qui seule forcera l'ennemi à abandonner, sans espoir de retour, tout son front.

Il est superflu d'ajouter que la doctrine adoptée aujourd'hui partout est le fruit de l'esprit napoléonien d'offensive, qui commande, ainsi que le rappelait l'Ordre français du 5 septembre 1914, d'« avancer coûte que coûte et se faire tuer plutôt que reculer ».

---

1. C'est l'expression dont se sert le *Rapport sur l'ensemble des opérations.*
2. Général Malleterre, *Op. cit.*, p. 127.

III

Si l'on examine, non plus seulement une bataille en particulier, mais tout l'ensemble d'une guerre, on constate que Napoléon, dans les deux cas, reste fidèlement attaché aux mêmes principes et demande à la même manœuvre, entreprise sur une plus ou moins grande échelle, le secret de la victoire. Quand on en vient aux mains, il cherche à enfoncer l'ennemi par un mouvement tournant et débordant. Mais déjà le jour où il arrêtait ses plans de campagne et assignait à chaque corps son point de concentration, sa ligne de marche et son objectif, il ne songeait qu'aux moyens les meilleurs et les plus prompts de porter son principal effort, pour la rencontre finale, sur le côté ou même sur les derrières de l'armée adverse. « C'est une des conséquences les plus intéressantes de la méthode de guerre inaugurée par Napoléon que cette fusion de la bataille et des opérations générales [1]. » Il disait lui-même : « C'est dans le système de la campagne que l'on conçoit le système d'une bataille. » L'attaque de flanc n'est qu'une application tactique de la manœuvre stratégique d'enveloppement.

Pour que celle-ci réussisse, un certain nombre de conditions sont nécessaires.

On doit, en premier lieu, occuper tout le théâtre d'opérations, sans cependant rompre l'unité de commandement, qui est, selon le mot de Napoléon, « la chose la plus importante à la guerre ». C'est en étendant son front, même avec des effectifs relativement faibles, qu'on empêchera l'ennemi d'esquiver la rencontre et de se dérober sans combattre, comme il arrivait si souvent dans les guerres anciennes. En avril 1796, l'armée d'Italie s'étale sur 120 kilomètres; la Grande Armée en 1805 et en 1806 sur 200, en 1812 sur 400 [2]. Quel que soit le nombre d'hommes dont il dispose, 60 000 ou 400 000, Napoléon tend aussi largement que possible les mailles de son filet.

Il importe, en outre, de mettre à profit l'extension des fronts

1. *Les Transformations de la guerre*, p. 210.
2. *Ibid.*, p. 206-207.

pour dissimuler soigneusement ses propres projets, tout en perçant
à jour ceux d'autrui. En général, les premiers mouvements des
troupes se font à l'abri d'obstacles naturels, montagnes, forêts ou
fleuves, qui les masquent : derrière la Forêt-Noire en 1805, derrière le Dniepr en 1812. Au besoin, un rideau d'avant-postes, qui
dépasse quelquefois à droite et à gauche le front des armées,
comme, par exemple, en 1805, avant Austerlitz, des monts de
Bohême au Danube, tient l'adversaire à distance et arrête ses
reconnaissances [1]. Les indications que fournissent les journaux,
les espions, la cavalerie renseignent le commandement, non seulement sur les positions, mais aussi, ce qui est beaucoup plus
important, sur les intentions de l'ennemi. « L'exploration a pour
but d'éliminer les hypothèses inexactes [2]. » En octobre 1806,
quand il sait que l'armée prussienne est rassemblée à sa gauche,
près de Weimar, c'est très en avant et à droite, sur Leipzig, que
Napoléon lance la cavalerie de Murat, jusqu'à ce qu'il apprenne,
par les courriers qu'elle intercepte, que les Prussiens se retirent
vers Magdebourg.

Enfin, lorsque toutes ces mesures préliminaires ont été bien
prises, il ne reste qu'à jeter rapidement ses forces là où l'ennemi
ne les attend pas. La vitesse des marches, l'effet de surprise, la
supériorité du nombre assureront le succès. « Les marches, c'est
la guerre, a dit Napoléon... La victoire est aux armées qui manœu-
vrent. » Pendant les opérations autour d'Ulm, les soldats n'avaient
pas tort de prétendre que c'est avec leurs jambes qu'il gagnait
les batailles. Ses divisions sont sans cesse en mouvement ; tour à
tour elles se dilatent et se concentrent : elles s'espacent sur 100 kilomètres et davantage pour contenir ou déborder l'ennemi, puis
se resserrent pour le culbuter [3]. Grâce à leur promptitude, elles
ne lui laissent pas le temps de se reconnaître. Pendant la campagne de France en 1814, comme pendant celle d'Italie en 1796,
Napoléon déjoue toutes les prévisions de ses adversaires et tombe
sur eux à l'improviste. De hardies marches de nuit rendent vaines

1. *Les Transformations de la guerre*, p. 235.
2. *Ibid.*, p. 231.
3. *Ibid.*, p. 214.

leurs plus savantes combinaisons. Le soir il était à Vérone ; le lendemain à la première heure il surgira subitement devant Arcole. Combien de fois il lui est arrivé, comme à Iéna, de prendre son adversaire, suivant sa propre expression, « en flagrant délit. » Une marche vive, ajoute-t-il, « augmente le moral de l'armée ; elle accroît les moyens de victoire ». Il faut, déclare-t-il encore, « préférer la foudre au canon toutes les fois qu'on le peut ». Mais c'est au canon et au fusil de dire le dernier mot. Quand l'action s'engage, le général doit avoir toutes ses troupes sous la main[1]. Celui-là sera vainqueur qui pourra mettre en ligne les plus gros effectifs au moment de la décision : « il faut tenir l'armée réunie, concentrer le plus de forces possible sur le champ de bataille... la victoire est aux gros bataillons ». Napoléon attend de pied ferme les Austro-Russes à Austerlitz, sans s'inquiéter même de sa ligne éventuelle de retraite : il est sûr d'avance d'être le maître, parce que son armée est la plus nombreuse. En 1814 au contraire, faute d'effectifs suffisants, tout son génie ne lui permettra pas de refouler l'invasion.

Assez souvent, au cours des guerres napoléoniennes, les conditions que nous venons d'énumérer se sont trouvées remplies et la manœuvre stratégique d'enveloppement a pu s'exécuter tout entière. Rien n'est plus instructif que de suivre les mouvements de Napoléon au cours d'une de ses campagnes. La plus remarquable, au point de vue de la clarté de la démonstration, est peut-être celle de 1806. La Grande Armée se dirige sur Berlin ; l'ennemi étant signalé en avant à gauche, elle fait une demi-conversion dans ce sens ; quatre corps se portent vers le nord-ouest ; l'aile droite française s'efforce de tourner la gauche prussienne ; deux autres corps se tiennent un peu en arrière, prêts à tenir tête à l'adversaire vers le nord-est ou le sud-est, s'il cherche à se dérober ; enfin Napoléon prend le contact en avant d'Iéna et rassemble le gros de ses forces pour l'attaque, laissant au corps détaché sur sa droite le soin de saisir l'ennemi à revers[2]. L'armée s'est trouvée concentrée à point : « il apparaît alors que toutes les marches

1. *Les Transformations de la guerre*, p. 196.
2. *Ibid.*, p. 226-228.

ordonnées depuis le début tendaient à ce résultat [1] ». Les campagnes de Marengo, d'Ulm, d'Eylau, de Friedland, de Landshut, d'autres encore, donneraient matière à des remarques analogues. Dix ou douze fois, d'après le colonel Colin, Napoléon a dressé ses plans suivant le même type : l'armée se déploie sur un front étendu, à l'abri des obstacles naturels, qui la protègent encore quand elle se met en mouvement; elle garde jusqu'à la veille de la bataille un dispositif assez large, pour parer à l'imprévu ; elle évite de se laisser prématurément entamer et refuse toute rencontre partielle qui l'affaiblirait; brusquement, elle se contracte sur sa droite ou sur sa gauche, pour se lancer en avant, se rabattre en partie sur le flanc de l'ennemi et couper ses communications [2]. « Sauf pour la campagne de Marengo, Napoléon n'a jamais eu la prétention d'atteindre à coup sûr la ligne de retraite de son adversaire, mais il a toujours opéré de manière à s'en saisir, si ce dernier s'y prêtait. Il n'a jamais, de propos délibéré, renoncé à cet énorme avantage en attaquant de front quand il pouvait faire autrement [3]. » Une offensive hardie sur une extrémité du théâtre d'opérations, voilà son procédé favori.

Si les conditions requises font défaut, il n'en est pas embarrassé. Avec cette souplesse ingénieuse d'imagination et cette fertilité d'expédients dont il fait preuve sur le champ de bataille, il sait combiner des plans de campagne qui réduiront les armées adverses à sa discrétion, même s'il ne réussit pas à atteindre par enveloppement leur ligne de communication. Ses plans sont toujours « à plusieurs branches », c'est-à-dire avec plusieurs variantes. Il ne se demande pas quel est le parti auquel l'ennemi a le plus de chances de s'en tenir, mais tous ceux auxquels celui-ci pourrait songer; il ne rejette aucune hypothèse, même les moins vraisemblables, et quand il les a toutes examinées, il « arrête ses dispositions de manière à pouvoir manœuvrer dans tous les cas »; elles sont de telle nature qu'elles répondent à toute situation nouvelle [4]. On dirait à chaque fois que l'éventua-

1. *Les Transformations de la guerre*, p. 220.
2. *Ibid.*, p. 212 et 242.
3. *Ibid.*, p. 239.
4. *Ibid.*, p. 221-223.

lité qui se réalise est justement celle qu'il prévoyait et à laquelle il avait pourvu par avance.

Presque toujours, quand il ne tente pas d'envelopper ses adversaires, c'est qu'il est menacé lui-même d'enveloppement. Les généraux qui lui étaient opposés s'efforçaient en effet de le battre avec ses propres armes; ils n'étaient pas moins frappés que lui des avantages d'un mouvement à grande envergure. Il leur manquait seulement de savoir, comme lui, « concilier l'enveloppement avec la réunion des forces[1] ». Ils laissaient trop d'intervalle entre leurs différents corps, dont ils concertaient mal les évolutions. Lorsque Napoléon est exposé à l'attaque convergente de deux armées, il prend entre elles une position centrale, fait face tour à tour à l'une et à l'autre et les vainc successivement; un mince rideau retient la deuxième tandis qu'il écrase la première sous des forces supérieures, puis, se couvrant contre les débris de celle-ci par une simple arrière-garde, il se retourne vers la seconde et l'accable pareillement. « Ainsi se produit ce résultat, surprenant au premier abord, que si l'armée ennemie est au milieu des divisions françaises, elle est enveloppée, tandis que si l'armée française se trouve entre les masses ennemies elle les sépare[2]. » La manœuvre en lignes intérieures, comme l'appelle Jomini, serait même, d'après certains écrivains militaires, celle pour laquelle Napoléon aurait eu le plus de goût, plus encore que pour la manœuvre d'enveloppement. Le colonel Colin ne le croit pas. Napoléon n'a recours à cette solution que si les ennemis l'y invitent ou mieux l'y contraignent, en formant deux armées séparées qu'il n'est pas en mesure de déborder à la fois. Cela, il est vrai, eut lieu fréquemment, depuis le printemps de 1796, à Dego-Millesimo, à Castiglione, à Arcole, jusqu'en juin 1815, à Ligny et aux Quatre-Bras, sans oublier les journées de 1813, où Napoléon devait lutter non plus contre deux armées en même temps, mais contre trois, et où ses allées et venues incessantes et ses coups de boutoir l'auraient tiré d'affaire, si les préoccupations de l'homme d'État, soucieux d'épargner Dresde, capitale d'un

1. *Les Transformations de la guerre*, p. 248.
2. *Ibid.*, p. 213.

souverain allié, n'avaient pas contrecarré et finalement paralysé les intentions de l'homme de guerre[1]. La manœuvre en lignes intérieures est, en somme, un succédané de la manœuvre d'enveloppement; elle n'en fait pas moins honneur au génie de Napoléon, qu'il serait vain et ridicule de vouloir réduire à la sécheresse abstraite d'une formule et qui savait utiliser, en les transformant, tous les moyens pour atteindre son but unique : la victoire.

Le but depuis cent ans n'a pas changé, ni les moyens, en dépit de l'accroissement énorme des effectifs, des transformations de l'armement et du développement des voies de communication. Les joueurs sont plus nombreux et mieux outillés qu'autrefois, mais les règles du jeu restent toujours les mêmes. Au *Kriegspiel* sanglant de 1914-1916, on essaie encore les coups que réussissait Napoléon.

La manœuvre en lignes intérieures est familière aux Allemands. Leur situation géographique entre les Français, les Anglais et les Belges sur le front occidental et les Russes sur le front oriental, avec au sud-est le front balkanique, les oblige à transporter constamment par voie ferrée des corps entiers d'un théâtre d'opérations à un autre. Ils excellent à ces « navettes », qui rappellent, en beaucoup plus grand, celles de Napoléon en 1813 ou pendant la campagne de France. Un réseau de chemins de fer extrêmement serré, admirablement organisé, conduit en quelques jours 50 ou 100 000 hommes de Belgique en Pologne, de Galicie en Lorraine, de Champagne en Serbie. Bien plus, entre les divers secteurs d'un même front les Allemands ont recours continuellement à de semblables allées et venues. Non contents d'utiliser les lignes anciennes des régions envahies qu'ils occupent, ils en ont créé partout de nouvelles, lignes stratégiques s'il en fut, doublées encore par les routes que sillonnent sans cesse les convois automobiles. Dès qu'ils sont menacés par les Alliés sur un point, il leur est facile de porter aussitôt leurs réserves dans cette direction. Quand ils veulent eux-mêmes prononcer une offensive, ils concentrent dans les Flandres, par exemple, ou devant Verdun,

1. *Les Transformations de la guerre*, p. 251.

toutes leurs troupes disponibles. Ne soyons pas dupes d'une illusion. Derrière ces murs de terre et ces fossés qui courent de la mer du Nord à la frontière suisse et que deux années de lutte ont à peine réussi par endroits à déplacer légèrement, dans un sens ou dans l'autre, la circulation est ininterrompue. La guerre de tranchées elle-même, à certains égards, mérite d'être considérée comme une guerre de mouvement.

La vraie guerre de mouvement, néanmoins, a d'autres caractères. Il lui faut, comme au début du xixe siècle, des espaces libres et de vastes horizons. Au xxe siècle elle est toujours possible; elle n'a même jamais cessé d'exister, en dehors et à côté de la guerre de tranchées. Sitôt qu'on y revient, c'est encore la manœuvre napoléonienne d'enveloppement qui s'impose, grâce à ses avantages évidents; le tout est de savoir et pouvoir la mener à bien jusqu'au bout.

Quand l'armée de von Klück au mois d'août 1914, après la violation de la neutralité belge, descendait vers le sud-ouest par la vallée de l'Oise, elle visait, comme ses devancières en 1870, « l'enveloppement d'une aile, la rupture des forces sous le poids de la supériorité numérique et matérielle et la prise de Paris[1] » — plan grandiose, et qui faillit réussir. Aux premiers jours de septembre, von Klück, renonçant à l'attaque brusquée sur Paris, que tout faisait prévoir, oblique subitement au sud-est vers Meaux et Coulommiers; il avait raison, en un sens, de vouloir, comme le conseillait toujours Napoléon, continuer la poursuite jusqu'à l'anéantissement des armées adverses et en finir d'abord avec elles. Son tort, qui l'a perdu, fut de négliger sur sa droite l'armée Maunoury et les troupes du camp retranché de Paris, toutes prêtes à le prendre, lui aussi, « en flagrant délit » pendant sa périlleuse conversion : nouvelle preuve des fatales conséquences qu'entraîne, selon Napoléon, « l'erreur des chefs sur les forces de l'ennemi ». Le haut commandement français était mieux renseigné : après une retraite méthodique, sans se laisser accrocher, sans céder même à la tentation de reprendre trop tôt, au lendemain d'un

---

1. Général Malleterre, *Op. cit.*, p. 26.

succès local comme à Guise, la marche en avant, il a saisi avec à-propos l'instant favorable pour passer à l'attaque : « l'art de la guerre, nous apprend Napoléon, consiste dans une défensive bien raisonnée et extrêmement circonspecte et dans une offensive audacieuse et rapide ». A point nommé, la circonspection fit soudain place à l'audace, et ce fut la victoire de la Marne.

Les semaines qui suivirent ont été marquées, du 20 septembre au 12 novembre 1914, par une nouvelle tentative d'enveloppement ou plutôt, pour être plus exact, par deux tentatives pareilles, simultanées et opposées, sur un seul et même théâtre, de l'Aisne à l'Yser. Avant de se terrer pour tant de mois dans les tranchées, les deux partis ont encore manœuvré avec ampleur. Recueillons derechef le témoignage autorisé du *Rapport* français *sur l'ensemble des opérations du 2 août au 2 décembre* : « L'état-major allemand garde l'espoir de tourner notre gauche, comme nous formons celui de déborder sa droite. Le développement de ces deux efforts caractérise cette phase de guerre. Il en résulte une lutte de vitesse qui, à la fin d'octobre, prolonge jusqu'à la mer du Nord les fronts en présence ; c'est véritablement la *course à la mer*. » Les Allemands voulaient, pour réparer leur précédent échec, nous prendre à revers dans les plaines de Picardie ou d'Artois et revenir en maîtres sur Paris. Les Français s'efforçaient de les gagner de vitesse et, se glissant entre eux et la côte, de couper leurs lignes de communication et de retraite. Ni les uns ni les autres n'ont pu remplir leur dessein. Les ailes marchantes des deux armées se sont heurtées et arrêtées mutuellement à Lassigny et Roye d'abord, puis devant Arras, enfin d'Ypres à Nieuport. L'axe des opérations s'est trouvé de plus en plus déplacé vers le Nord. Les offensives se neutralisant, les fronts se sont stabilisés à peu près là où ils sont restés jusqu'à maintenant. Pour la seconde fois la manœuvre napoléonienne a été ébauchée par les Allemands ; pour la seconde fois elle s'est trouvée interrompue à temps, grâce à la manœuvre identique des Français, sur laquelle elle est venue se briser.

Hindenburg devait être plus heureux contre les Russes. Quand on sera mieux documenté sur les événements qui se sont passés depuis deux ans dans la Prusse orientale, en Pologne, dans les provinces occidentales de la Russie, on verra par le détail comment s'est traduite de ce côté la doctrine de guerre appliquée déjà sur le front d'Occident. Le fait en lui-même n'est pas douteux : Hindenburg est bien de la même école que von Klück et comme lui c'est des modèles napoléoniens qu'il s'inspire. En face du grand-duc Nicolas, stratège consommé lui aussi, « il joue avec les armées et les corps d'armée, des lacs Mazurie aux versants des Carpathes, apparaissant partout au moment opportun, reformant de nouvelles concentrations et de nouvelles offensives après des défaites et des retraites presque désastreuses[1] ». Pendant l'hiver de 1914-1915, il ne parvient pas, en dépit de ses efforts acharnés et coûteux, à tourner l'armée russe de Galicie et des Carpathes en perçant le front de Pologne, et il ne peut que remonter vers le nord pour libérer la Prusse orientale, à deux reprises envahie. Dans l'été de 1915, il réussit presque : « le double enveloppement des armées russes qu'il poursuit sur un immense front de plus de quinze cents kilomètres, laisse une sorte de stupeur et dépasse tout ce qu'on avait fait jusqu'ici ». Mais, pas plus que von Klück après Charleroi, Hindenburg lui-même n'a pu anéantir les troupes qu'il avait battues : « ce qu'il y a de plus étonnant encore, c'est que les armées russes aient échappé ; et leur retraite est aussi admirable que la manœuvre qui les y a forcées[2] ». Voilà bien, une fois de plus, la guerre napoléonienne de mouvement : les débordements et les enveloppements d'une part, comme dans la campagne d'Italie de 1796, les retraites sur lignes intérieures d'autre part, comme pendant la campagne de France de 1814, mais tout cela démesurément amplifié. En tout cas, les Russes, même après ces coups si rudes, n'étaient pas hors de combat. Les routes de Pétrograd et de Moscou restaient fermées. Depuis lors, la guerre en Russie s'est continuée, ranimée, avec des alternatives diverses. Le temps travaille en faveur du tsar, qui a toujours pour lui les distances, le climat et surtout — facteur essentiel, au dire de Napoléon, — le nombre.

1. Général Malleterre, *Op. cit.*, p. 46.
2. *Ibid.*, p. 49.

Cependant en Occident, depuis novembre 1914, il n'est plus question, semble-t-il, d'enveloppement. Les deux adversaires se recueillent, se préparent, s'observent, se tâtent. C'est la stagnation apparente de la guerre de tranchées. Par intervalles, sur un point déterminé, dans un camp ou dans l'autre, des colonnes d'attaque se concentrent et se portent à l'assaut : « batailles tactiques, sur des zones plus ou moins étendues, dans le but de rompre les barrages et de forcer par contre-coup la retraite générale; toutes ces tentatives d'offensive n'auraient pu prendre la forme d'une manœuvre stratégique à grande portée que si elles avaient réussi à ouvrir les brèches nécessaires[1] ». A l'heure actuelle, aucune brèche encore n'a pu être pratiquée dans la muraille du front occidental, pas plus de notre côté en Artois et en Champagne que du côté allemand devant Verdun. Mais prenons-y garde : c'est toujours avec une arrière-pensée stratégique, et toujours la même, ou à peu près, que ces batailles tactiques ont été engagées. Chacune d'elles n'a de sens et d'utilité que si elle doit permettre de briser les lignes de l'ennemi, de le dépasser, de se rabattre sur son côté, de couper sa retraite, — d'amorcer enfin l'enveloppement napoléonien. Le 25 septembre 1915 notre double offensive d'Artois et de Champagne était destinée à refouler en même temps les Allemands, pris entre les deux pinces de la tenaille, devant Arras et devant Reims, pour les obliger par suite à évacuer le centre de leurs positions, de Péronne à Soissons : enveloppement par les deux ailes. En février 1916, le Kronprinz, se ruant sur Verdun, espérait s'ouvrir l'une des deux routes historiques de Paris, celle de Brunswick en 1792, — l'autre est celle de Blücher en 1815 et de von Klück; s'il s'était frayé un passage de vive force sur la Meuse, il aurait pris à dos toutes les défenses qui couvrent la capitale : enveloppement par une aile. Le jour où pour tout de bon l'équilibre sera rompu et le front défoncé, nous pouvons être certains que la guerre de mouvement recommencera en France, en Belgique et au delà, et avec elle, nécessairement, la manœuvre enveloppante. Le passé le plus récent nous est un sûr garant de ce qui se produira dans un très proche avenir.

1. Général Malleterre, *Op. cit.*, p. 44.

Ce n'est pas seulement sur le front occidental et le front russe que les préceptes et les exemples napoléoniens ont été et seront encore ceux-là vérifiés et ceux-ci imités. Le jour viendra où l'on pourra faire la même étude et les mêmes constatations en analysant. entre tant d'autres épisodes de la guerre mondiale, la lutte des Autrichiens et des Italiens dans les Alpes, la retraite des Anglo-Français en Serbie, la marche du grand-duc Nicolas sur Erzeroum et Trébizonde, les expéditions des Anglais sur l'Euphrate et peut-être aussi les campagnes coloniales dans ce qui fut jadis l'Afrique allemande.

De cette seule énumération ressort un enseignement. De même que les mouvements tournants et débordants ne sont, comme nous l'avons vu, qu'une application tactique de la stratégie d'enveloppement, de même celle-ci a été transposée, pour ainsi dire, dans le domaine de la diplomatie militante et agissante. Les Alliés font face aux Austro-Allemands et aux Bulgaro-Turcs sur tous les théâtres, pour les contenir d'abord et bientôt les refouler. Après une intense préparation, la convergence et la simultanéité de leurs efforts, à la mode napoléonienne, leur mériteront le triomphe. L'encerclement, achevé déjà, de la Pangermanie, n'aura fait que préluder à son irrémédiable défaite.

Mai 1916   M. BESNIER.

9 782019 929213